मुलाक़ात पर चाय

ज़ामी अंसारी

क्रम-सूची

क्रम-सूची

प्रस्तावना

चाय एक ऐसा एहसास है जो गले से उतर कर रूह को तरो
ताज़ा कर देती है, बेचैनी कैसी भी हो चैन और सुकून देती है,
आपकी ज़िंदगी में शायद चाय इतनी अहमियत न रखती हो
लेकिन मेरे लिए ये चाय बस चाय नहीं दवा है जैसे गर्मी में
जिस्म को छूती ठंडी हवा है,
ये चाय बस चाय नहीं दवा है!

मुलाक़ात तो फक़त बहाना है,
हमने तो बस चाय पीने आना है...!

1. शाम वाली चाय

पतझड़ में भी बहार होती है, शाम वाली चाय,
बहुत खुश गवार होती है, शाम वाली चाय,

शराब पीलो, सिगरेट पीलो, या पीलो तुम जूस,
इन सब से शानदार होती है, शाम वाली चाय,

दोपहर की मेरी थकान अक्सर मिटा देती है,
अमृत में शुमार होती है, शाम वाली चाय,

उन दोस्तों का बिल अक्सर ज़्यादा कटता है,
जिन पर उधार होती है, शाम वाली चाय,

न पत्ती और दूध कम, न चीनी और पानी ज़्यादा,
स्वाद के अनुसार होती है, शाम वाली चाय,

सुबह दोपहर की एक एक, और रात की भी एक,
लेकिन चार चार होती है, शाम वाली चाय,

"जामी" गैस जलाता है, फिर उबाल आता है,
तब जा के तैयार होती है, शाम वाली चाय..!

2. ख़्वाब में आना जाना होता है

ख़्वाब में आना जाना होता है,
पर कहां मिलना मिलाना होता है,

चाय अच्छी बना लेती हो लेकिन,
तुमने बस मुंह बनाना होता है,

दर्द देता है बे-शुमार हमें,
ज़ख्म जितना पुराना होता है,

एक मेरा दिल छोड़ कर तुमने,
गैरों का दिल लुभाना होता है,

शराब सब नही पीते लेकिन,
हर एक चाय का दीवाना होता है,

बोझ कितना भी हो दिल पर "जामी",
हमने फकत मुस्कुराना होता है..!

3. मेरी चाय में मिलावट की भरपाई

मेरी चाय में मिलावट की भरपाई करनी पड़ेगी,
लगता है कि तुम्हारे साथ हाथापाई करनी पड़ेगी,

तुम पी गए सारी की सारी चाय मलाई छोड़ दी,
अब बेचारे कप की अच्छे से सफाई करनी पड़ेगी,

तुम खौलती हुई चाय ले तो आई हो मेरे लिए मगर,
पीने से पहले फूंक कर थोड़ी ठंडाई करनी पड़ेगी,

जो तेरी यादों से मेरे दिल का ये मकां चरमरा रहा है,
लगता है जैसे इस मकां की मुझे चुनवाई करनी पड़ेगी,

ज़िंदगी की उलझनों ने जो उधेड़ रखे हैं मेरे तेरे,
उन तमाम रिश्तों की अब हमें तुरपाई करनी पड़ेगी,

उसको आदत है झगड़कर लगने की सीने से मेरे,
बे वजह उससे अब फिर से लड़ाई करनी पड़ेगी,

उसको तोहफे की आस "जामी" तेरी जानिब से लगी हुई है,
लगता है फिर से अहलिया की मुंह दिखाई करनी पड़ेगी..!

4. किसी को तुम कबूतर बना देना

चाहे दीवार या रेत पर बना देना,
दिल मेरा तेरे बराबर बना देना,

आने वाले कुछ मौसम सर्दी के हैं,
तुम मेरे वास्ते स्वेटर बना देना,

जब मेरी तस्वीर न बना सको तो तुम,
उछलता कूदता बंदर बना देना,

तुम ढूंढती रहो त्योहारें मुझमें,
मुझे घर का कैलेंडर बना देना,

मुझसे अक्सर कम चाय बनती है,
तुम दो-तीन कप भरकर बना देना,

चिट्ठियां मुझ तक आती रहें "जामी",
किसी को तुम कबूतर बना देना..!

5. चाय में वक्त गुज़ारा है

ठहर कर तुम्हारे साए में वक्त गुज़ारा है,
मुसलसल तुम्हारी राय में वक्त गुज़ारा है,

यूं ही हम एक होने की कगार पर नही पहुंचे,
हमने महीनों हैलो हाय में वक्त गुज़ारा है,

जो पहले देखता था फोटो अब भी देखता हूं,
बस इन्ही दिखे दिखाए में वक्त गुज़ारा है,

अपनी जान पहचान का राज़ बताऊं तुम्हे,
तुम्हारे हाथों की चाय में वक्त गुज़ारा है,

तुम कोई पेड़ नहीं, मगर फिर भी "जामी",
हमने तुम्हारी छाए में वक्त गुज़ारा है..!

6. मुलाक़ात पर किताब लिखूंगा

उससे मेरी मुलाक़ात पर किताब लिखूंगा,
हर खट्टी मीठी बात पर किताब लिखूंगा,

वो पहली शब जो तूने कहा, करीब आ गले लगा,
मैं तेरी इन गुज़ारिशात पर किताब लिखूंगा,

चम चमाते जो तूने उस रात पहने हुए थे,
मैं तेरे उन सारे ज़ेवरात पर किताब लिखूंगा,

लोगों ने किताबें लिखी है मैथ की साइंस की,
मैं अपनी शरीक-ए-हयात पर किताब लिखूंगा,

ये अच्छे या बुरे हैं "जामी" दोनों के दरमियान,
जैसे भी हैं सब लम्हात पर किताब लिखूंगा..!

7. पराया नहीं करेंगे हम

खुद को इश्क़ कराया नहीं करेंगे हम,
ये ज़िन्दगी ज़ाया नहीं करेंगे हम,

उसको रूठने देंगे जी भर के,
और फिर मनाया नहीं करेंगे हम,

उसे हंसता हुआ देखा तो ठान लिया,
उसे कभी रुलाया नहीं करेंगे हम,

जिस जगह तुम बिछड़े थे हमसे,
उस जगह जाया नहीं करेंगे हम,

एक बार जो उसे कर लिया अपना,
फिर कभी पराया नहीं करेंगे हम,

"जामी" लिखेंगे हर ग़ज़ल उस पर,
और उसे सुनाया नहीं करेंगे हम..!

8. हम नहीं बदले जाते

ये दिल नहीं बदले जाते, मौसम नहीं बदले जाते,
और एक हम हैं कि हमसे हम नहीं बदले जाते,

अनबन, लड़ाई, झगड़े सुलझा लेना बेहतर है,
यूं ज़रा ज़रा सी बात पर मेहरम नहीं बदले जाते,

बदलने वाले न जाने कितने किरदार बदलते हैं,
हमसे मासूम पत्तों पे गिरे हुए शबनम नहीं बदले जाते,

जो आ गया सो आ गया जो दिख गया सो दिख गया,
किसी के कहने पर शादी के एल्बम नहीं बदले जाते,

जो दोस्त थे पहले "जामी" वही दोस्त अब भी हैं,
यानि तुम्हारे यार तुम्हारे हमदम नहीं बदले जाते..!

9. हर पल साथ नहीं देते

हर लम्हा हर पल साथ नहीं देते,
दोस्त भी आज कल साथ नहीं देते,

हां दे देते हैं साथ थोड़ा कभी कभी,
हां मगर मुसलसल साथ नहीं देते,

कुछ लोग सिखाते है ज़िन्दगी जीना,
देखो मगर पागल साथ नहीं देते,

चलना पड़ता है हमें कांटों पर भी,
हर वक्त यहां मखमल साथ नहीं देते,

ज़िन्दगी इतना रुलाती है कि कभी कभी,
आंखो के ये काजल साथ नहीं देते,

फोन लगाता हूं उसे, कट हो जाता है,
कमबख़्त ये सिग्नल साथ नहीं देते,

छाते तो है खुशी की घटा बन कर लेकिन,
"जामी" तुम्हारा ये बादल साथ नहीं देते..!

10. दोस्ती नहीं करूंगा में

तन्हा रह लूंगा मगर, आशिक़ी नहीं करूंगा में,
अपने दिल के कोने में तीरगी नहीं करूंगा में,

वो बिछड़ गया है तो क्या अब भी यार है मेरा,
उसकी यादों में जियुंगा, खुदकुशी नहीं करूंगा में,

मेरा वो दोस्त जो दोस्त रह कर भी दोस्त नहीं,
अब उससे दोबारा कभी दोस्ती नहीं करूंगा में,

मेरे हिस्से में तू जो आई है ख़ुदा की तरफ से,
कैसे कह दूं तुझसे कभी शादी नहीं करूंगा में,

बड़े से बड़े दाम में भी तू मुझे खरीद ना सके,
जान बुझ कर खुद को इतना कीमती नहीं करूंगा में,

तुझसे जुदाई का सफ़र तय करते हुए जो दूर पहुंचा,
"जामी" तेरी दुनिया में कभी वापसी नहीं करूंगा में..!

11. भरोसा नहीं करता हूं

मैं कोई काम एक सा नहीं करता हूं,
और ये भी के तमाशा नहीं करता हूं,

रो लेता हूं जब कोई बात बुरी लगती है,
कभी किसी पर गुस्सा नहीं करता हूं,

कर लेता हूं याद कभी कभी उसको,
हां मगर हमेशा नहीं करता हूं,

रख लेता हूं राज़ दिल में पोशीदा,
और उनका खुलासा नहीं करता हूं,

ज़िन्दगी ने जो सबक दिए हैं "जामी",
अब किसी पर भरोसा नहीं करता हूं..!

12. चाय पीने से

मुस्कुराहट सजी रहती है चेहरे पर, चाय पीने से,
सारे ग़म हो जाते हैं दर-बदर, चाय पीने से,

बचपन से सुनते आए हैं कि काले होते हैं,
लेकिन अपना चेहरा जाता है निखर, चाय पीने से,

यहां लोगों का जीना मरना लगा हुआ है लेकिन,
हम जैसे लोग हो जाते हैं अमर, चाय पीने से,

दूध, लस्सी, पानी, शरबत और कोल्ड ड्रिंक्स,
निकल जाती है इन सबकी कसर, चाय पीने से,

हम जब बोलें तो मुंह से बस सुर ही सुर निकलें,
आ जाता है अपने होंठो पे ये हुनर, चाय पीने से,

कभी हरी, कभी लाल, तो कभी काली, कत्थई,
हमने सीखा है पहचान-ए-कलर, चाय पीने से,

"जामी" कभी फस जाओ तुम बेचैनी के समंदर में,
तो पार हो जायेगी उलझन की लहर, चाय पीने से..!

13. खुशियां रूठी पड़ी हुई हैं

खुशियां मुझसे आज कल रूठी पड़ी हुई हैं,
चंद ख्वाबों की मंज़िलें उजड़ी पड़ी हुई हैं,

एक तूफ़ान के आते ही समंदर भर में,
सारी की सारी कश्तियां उल्टी पड़ी हुई है,

अजीब उलझन है की मात किसको दूं,
मेरी तो दुश्मनों में भी दोस्ती पड़ी हुई हैं,

दरिया है, समंदर है, झील है क्या है ज़मीं पर,
जो आंसुओं की चंद बूंदें टपकी पड़ी हुई है,

बेहद मिठास हो गई थी हम दोनों के दरमियान,
इसलिए हम दोनों में अब चींटी पड़ी हुई हैं,

पीछा नहीं छोड़ती "जामी" उम्र बढ़ने पर भी,
यादें बचपन की इस तरह लिपटी पड़ी हुई है..!

14. देखी नहीं जाती

रात की तन्हाई देखी नहीं जाती,
वक़्त की ठहराई देखी नहीं जाती,

में अक्सर उसको फूल कहा करता था,
अब वो मुरझाई देखी नहीं जाती,

वो मुझमें उलझी हुई अच्छी लगती है,
मुझसे सुलझी सुलझाई देखी नहीं जाती,

जितनी हो सके उतनी बुराई पैदा कर,
लोगों से अच्छाई देखी नहीं जाती,

वो अक्सर बातें काट देती है मेरी,
अक्सर ये रुसवाई देखी नहीं जाती,

मैं बस एक चौथाई देख पाता हूं उसे,
बाकी तीन चौथाई देखी नहीं जाती,

मैं लगभग छः फुट का हूं "जामी",
उससे मेरी लंबाई देखी नहीं जाती..!

15. तो चाय पीना

दिन को अपने रात करना, तो चाय पीना,
ग़मों को अपने मात करना, तो चाय पीना,

कभी कहीं एक टेबल पे रख कर दो कपों को,
अपने महबूब से बात करना, तो चाय पीना,

चाहे टपरी चाय की हो या फाइव स्टार होटल,
जहां उससे मुलाक़ात करना, तो चाय पीना..!

16. पास थे बिल्कुल,

बिछड़ते वक़्त पास थे बिल्कुल,
एक दूजे के एहसास थे बिल्कुल,

अब अजनबी हो गए हैं वो भी,
जो मेरे अपने ख़ास थे बिल्कुल,

अब लगाती भी नहीं होंठो से,
पहले उसकी प्यास थे बिल्कुल,

वो अक्सर मुझको पहना करती थी,
जैसे उसका लिबास थे बिल्कुल,

अब जाकर सौ पर्सेंट हुए,
पहले तुम पचास थे बिल्कुल,

सारी बातें झूठी निकली,
सब के सब कयास थे बिल्कुल,

अब समझदार हो गए तुम "जामी",
पहले हुच्चू दास थे बिल्कुल..!

17. मुस्कान ला सकता हूँ मैं

उदास चेहरे पर मुस्कान ला सकता हूँ मैं,
तेरे वास्ते दोनों जहान ला सकता हूँ मैं,

जो हम दोनों को दो से तीन कर देगा,
सुनो एक ऐसा मेहमान ला सकता हूँ मैं,

तू अगर ये कह दे कि मेरा ख़ुदा है तू,
तेरी इस बात पर ईमान ला सकता हूँ मैं,

ख़ुदा अगर बख़्शे कोई ताक़त मुझको,
गुंगों के मुंह में भी ज़ुबान ला सकता हूँ मैं,

तुझे अगर हलाल नशा करना हो जामी,
तेरे लिए चाय की दूकान ला सकता हूँ मैं..!

18. तस्वीर खींची जा रही है

बात पुरानी खरोची जा रही है,
रूस्वाई की तरकीब सोची जा रही है,

मैने ही सिखाया था तुम्हे सर ऊंचा रखना,
अब मेरी ही गर्दन दबोची जा रही है,

मुझ से बिछड़ कर पागल हो गया वो,
बालों के साथ खाल नोची जा रही है,

उसकी बातें नदियों सीं और ये नदी,
मेरे सर से काफी ऊंची जा रही है,

मुस्कुराता हूं यही सोच कर "जामी",
शायद मेरी तस्वीर खींची जा रही है..!

19. झगड़े पाले हुए हैं

दरिया-ओ-समंदर ने कई कतरे पाले हुए हैं,
पंछियों ने भी यहां कई पिंजरे पाले हुए हैं,

जो एक साल गुज़रा उसके दरमियान हमने,
बातों के साथ साथ कई झगड़े पाले हुए हैं,

पेश आता है मोहब्बत से, नफरत भी करता है,
यहां हर एक शख़्स ने कई लहजे पाले हुए है,

गुज़र जाती है सुबह शाम तुम्हे सुनाते हुए,
मैंने भी बचपन के कई किस्से पाले हुए हैं,

बहाने खूब बना रखे हैं मैंने तुम्हे बुलाने के,
तुमने भी न आने के कई हीले पाले हुए हैं,

तू बे-गैरत कि तुझसे एक मां नहीं संभाली जाती,
और एक मां ने तेरे जैसे कई बच्चे पाले हुए हैं,

मुझे इस बात पे फखर है कि "जामी" आज तक,
ग़लत फहमी नहीं पाली कई कुत्ते पाले हुए हैं..!

20. तेरे मज़ार में खामोशी

न फूलों की खुशबू है न पत्तों की कड़कन है,
देखो कितनी पनप गई अबकी बहार में खामोशी,

नहीं आती आवाज़ें उसकी, मेरे कानो तक,
महसूस मुझको होती है उसकी पुकार में खामोशी,

कभी हम बोल देते हैं दुनिया भर की सब बातें,
कभी कभी नहीं होती हमारे इख्तियार में खामोशी,

न जाने कितने आशियाने बहा कर ले गई होगी,
बता मुझको रही है ये बहती धार में खामोशी,

अभी हर सिम्त उजाला है, बरपा शोर शराबा है,
"जामी" हो जाएगी हां एक दिन तेरे मज़ार में खामोशी,

21. अपने हुनर से देते

लोग दिल देते हैं तो अपने हुनर से देते,
हमारे पास था ही नहीं हम किधर से देते,

बरसों बीत जाते तुम्हे उभरते उभरते,
एक गहरा अगर ज़ख़्म तुम्हें भीतर से देते,

खैर मनाओ की शतरंज छोड़ दी वर्ना,
हम देते तुम्हें मात तो बड़े अंतर से देते,

मेरे बाबा ने मुझे नरम दिली सिखाई है वर्ना,
हम भी इंटों का जवाब तुम्हें पत्थर से देते,

हम होते अगर अब भी पुराने दौर में "जामी",
लिख कर तुम्हें प्यार के ख़त कबूतर से देते..!

22. नाराज़गी चल रही है

सूखापन सफेदी है हर तरफ, हरियाली से नाराज़गी चल
रही है,
दुखों ने दबोच रखा है मुझे, खुशहाली से नाराज़गी चल रही
है,

तेरी गली से जब भी देखूं, मुझको दखल देती है अक्सर,
घर की खिड़की में जो लगाई, उस जाली से नाराज़गी चल
रही है,

खुशी का फूल कैसे खिलाऊं, मैं दिल को बाग कैसे बनाऊं,
जो है मेरा अपना माली, उस माली से नाराज़गी चल रही
है,

परिंदे मुंडेरों पर आते नहीं है, पेड़ पर चेह- चहाते नहीं है,
उनकी शायद पेड़ की हर, डाली से नाराज़गी चल रही है,

कई दिनों से भूखा हूं फिर भी भूख मुझको लगती नहीं,
खाता था जिसमें खाना अक्सर, उस थाली से नाराज़गी
चल रही है,

बचपन से अपनी जवानी तक, जामी सफ़र करने के बाद,
घर मेरा बन गया लेकिन, घरवाली से नाराज़गी चल रही है

23. जब कभी बारिश होती है

जब कभी बारिश होती है,

तो तुम्हारी याद भी सीने में ताज़ा हो जाती है,
वो बारिश में तुम्हारा भीगना,
वो बरसते हुए पानी में तुम्हारा छम छम करके उछलना,

बारिश में भीगते भागते एक्टिवा से लॉन्ग ड्राइव पे जाना,
और तुम्हारा पीछे से मुझे ज़ोर से पकड़ना,
फिर मेरे गीले बालों को टॉवेल से पोछना,

फिर मेरे मासूम से दिल की एक गुजारिश होती है,
तुम्हारे नर्म हाथों से बनी गर्म चाय पीने की ख्वाहिश होती है,
बस तुमसे मेरी जान यही फरमाइश होती है,

जब कभी बारिश होती है, जब कभी बारिश होती है..!

24. रात भर रोने से

तेरी यादों में होशो हवाश खोकर, रोने से,
सुकुन ए दिल मिल जाता है अक्सर, रोने से,

मेरा रुमाल मेरा तकिया छोटी मोटी चीज़ हैं,
भीग जाता है सारा का सारा बिस्तर, रोने से,

आंसू न बहाओ किसी अजनबी के वास्ते,
कि ज़ाया हो जाते हैं आंसू रात भर, रोने से,

रोता हुआ ना देख ले मेरी मां अपने बेटे को,
इसलिए कतराता हूं मै अपने घर पर, रोने से,

अपने दामन को तर कर दूं अश्कों से "जामी"
तुम जो हो जाओ मेरी रूह को मयस्सर, रोने से..!

25. साल रुख़्सत कर दिया

आंखों में तेरा समाया हुआ रंग ओ जमाल रुख़्सत कर
दिया,
मैंने अपनी ज़िन्दगी का एक और साल रुख़्सत कर दिया,

रुख़्सत कर दिया उस हर एक चीज़ को
जिसके सामने आ जाने से मुझे तेरी याद आती थी,
में रोता था तन्हा किसी कमरे के कोने में बैठ कर
और खामोशी मुस्कुराती थी,

मैं जब भी मेज़ पर बैठता था, कागज़, कलम और कुछ
रंग लेकर, ज़ेहन में बस तेरी तस्वीर आती थी और बना
देता था,

लेकिन अब अपने हाथों से ये कमाल रुख़्सत कर दिया,
मैंने अपनी ज़िन्दगी का एक और साल रुख़्सत कर दिया,

बेवक्त आकर मेरे दिल के फले फूले दरख़्त को
पतझड़ में तब्दील कर देता था,
कभी आता था तो आकर अकेला जाता था तो कभी
मेरी खुशी, मेरी हंसी, मेरे ठहाके मेरा खिलखिलाना
मुझसे छीन कर ले जाता था,
ये तेरा ख़्याल ही तो था जो ऐसा करता था मेरी आंखो को

नम करता था,

लेकिन अब दिल और दिमाग़ से तेरा ख़्याल रुख़्सत कर
दिया,
मैंने अपनी ज़िन्दगी का एक और साल रुख़्सत कर दिया,
वो चाय आज भी याद है जो हम मिल कर पिया करते थे,
वो तुम्हारा चुस्कियां लगाना, सुर सुर कर के सारी चाय पी
जाना
और फिर हंसकर दूर भाग जाना मेरे हाथ न आना,
मैं अक्सर सवाल पूछा करता था उसकी तबियत के बारे
में,

कि मुझ से बिछड़ कर अब तुम्हारे दिल को राहत तो है
न?
गुज़रे वक्त के जैसी मेरी चाहत तो है न?
तुम्हारे दिल पे अब भी मेरी हुकूमत तो है न?
मेरे हंसी से, आवाज़ से मोहब्बत तो है न?

लेकिन अब आंख से जुबान से ये सवाल रुख़्सत कर दिया,
मैंने अपनी ज़िन्दगी का एक और साल रुख़्सत कर दिया..!

26. जन्नत छूट जाती है

ये दिल टूट जाता है राहत छूट जाती है,
फिर से मुस्कुराने की हिम्मत छूट जाती है,

बचपन में हमारे पास काफी वक़्त होता था,
जवानी में गुफ्तगू की फुर्सत छूट जाती है,

सिकंदर चाहता था हुकूमत सारी दुनिया पर,
बड़े बड़े शाहों की हसरत छूट जाती है,

जो तुझको याद करता है उसको याद तू भी कर,
वगरना याद करने की आदत छूट जाती है,

जो अपनी मां की बातों पर हमेशा मुंह बनाते हैं,
"जामी" उनके हाथों से जन्नत छूट जाती है..!

27. फूल डाल कर जाना

नफरतों को दिलों से निकाल कर जाना,
मोहब्बतों को दिलों में पाल कर जाना,

बड़ा तकलीफ़ देह साबित हुआ है हर बार,
यूं तेरा मेरी बातों को उछाल कर जाना,

तुम किस तरह हसाओगे, मेरा साथ निभाओगे,
तुम्हारी तो आदत है वादे टाल कर जाना,

मेरे जनाज़े में शिरकत नहीं कर सके तो क्या,
क़ब्र पे आना तो फ़ूल डाल कर जाना,

हर बार चले जाते हो तो बुला लेता हूं "जामी",
अब के जाना तो ज़रा देख भाल कर जाना..!

28. चाय भरा ख़त

एक वक्त की बात है जब मेरी उम्र काफी छोटी थी बहुत शौक था हर खेल खेलने का लेकिन मेरा सबसे पसंदीदा खेल क्रिकेट होता था, वक्त गुज़रता गया और जवानी की तरफ ज़िंदगी आ पहुंची, मुझे धुंधला सा याद है कि तब उससे मुलाक़ात हुई, उससे बात हुई, उसने मुझे जाना मैंने उसे जाना और फिर धीरे धीरे,

ज़िंदगी आगे बढ़ी मेरी आंख उससे लड़ी,
फिर वो ही वो दिखती थी मुझे हर घड़ी,
वो उसका मुस्कुराना वो होंठो का तबस्सुम,
बस देखते ही देखते हो जाता था मैं गुमसुम,

फिर कुछ वक्त तक ये सिलसिला यूं ही चलता रहा, बातों ही बातों में एक दिन मैने उससे पूछा
"क्या तुम्हें चाय पसंद है"?

मेरे इस सवाल से मानो जैसे उसके चहरे पे एक खुशी सी छा गई हो,
फिर वो मुस्कुरा कर बोली - हां बहुत पसंद है मुझे चाय,
फिर हम दोनो हर रोज अपनी मुलाक़ात पर चाय पिया करते थे,
इस चाय की वजह से हम दोनो के दरमियान बेहद

नज़दीकियां बढ़ गई थी,
हसी खुशी से ज़िंदगी चल रही थी के अचानक से उसका मुझे कॉल आया और रोती हुई बोली अब से हम मिल नही सकेंगे और न साथ में चाय पिया करेंगे,
ये सुन कर मानो जैसे मेरे पैरों तले ज़मीन खिसक गई हो, फिर कुछ दिन बाद हमने मिलना जुलना छोड़ दिया, उसकी याद रातों में सताने लगी, एक रोज़ बैठा हुआ उसको सोच रहा था कि दिल में सोचा उसे ख़त लिखा जाए, फिर मैंने उसके नाम एक ख़त लिखा और ख़त में लिखा,

मुझे चाय बहुत पसंद है इतनी पसंद कि कभी कभी तो तुम्हारी याद तक नहीं आती जब चाय का कप मेरे हाथ में होता है
एक वक़्त था जब चाय की वो खुशबू मेरी यादों से मिलती थी तो तुम्हारा ख्याल आता था, आज भी आता है लेकिन तुम्हारी यादों से ज्यादा मैं चाय की उस खुशबू पर ध्यान देता हूं,
तुम्हारा तो पता है मुझे हर रोज टाइम से जो तुम आ जाते हो लेकिन चाय वो थोड़ी जल्दी ठंडी हो जाती है और उसकी खुशबू ज्यादा देर के लिए नहीं रहती लेकिन गजब का स्वाद है चाय का भी और तुम्हारी याद का भी,
एक दफा तुम्हे याद करू या चाय की चुस्की भरू तो दोनों का जिक्र गहरे होते चले जाते है,

मैंने तुम्हे शायद ही बताया हो मुझे ठीक से याद नहीं लेकिन तुम्हें लिखे बहुत से ख़त मैंने चाय की चुस्कियों के

साथ लिखे है,

वो थोड़ा सा स्वाद, थोड़ा सा मेरे खतो में भी मिल जाता है चाय का भी और तुम्हारे यादों का भी याद है एक रोज बारिश हो रही थी और तुम बारिश की बूंदों की तारीफ कर रहे थे और मैंने कहा था कि तुमसे बाते होना भी इन बूंदों जैसा ही है उसी रोज की बात है तुमसे चाय के ज़िक्र का मिज़ाज ही बदल जाता है बूंदों के बरस जाने से, हाँ ये बात है कि आज कल जब बारिश होती है तो मेरी चाय का और तुम्हारी यादों का मिज़ाज भी ऐसे ही बदल जाता है! स्वाद और यादे दोनों गहरे हो जाते है इस ख़त को मै ये ही छोड़ रहा हूं! अधूरा नहीं है पर अगर लगे तो दुबारा से पढ़ लेना, वो क्या है ना मेरी चाय खत्म हो गई है और मै जिस खिड़की के पास बैठ कर ये खत लिख रहा हूं! वहां बारिश की बूंदे भी सिमटने लगी हैं! चलो फिर कभी याद करेंगे जब बारिश होगी तब फिर एक चाय बना लूंगा मैं और बैठ कें बाते करेंगे,

और में ये लिखते हुए सोच रहा था -

जब वो तन्हा बैठी होगी,
मुझको याद तो करती होगी,
और लेट के अपने बिस्तर पर,
तकियों के संग वो रोती होगी,
चाय के रखे होंगे दो कप,
एक भी न छूती होगी,
मन खट्टटा उसका होता होगा,
बात कुछ ऐसी होती होगी,

गुज़रे लम्हों की मीठी यादें,
फीकी चाय में घोल के जब वो,
झूठे घूंट भरती होगी,
मुझको यकीन है इतना तो,
मेरे साथ को मरती होगी,
मुझको याद तो करती होगी, मुझको याद तो करती होगी,

THANKS
FOR
READING THE BOOK

PLEASE VISIT MY WEBSITE
https://bepanaah.in/